Les Puces - L'anglais pour les enfants

Téléchargez une histoire
en anglais et en français !

ou

Obtenir un pack hybride
vient par la poste et en ligne.

Un livre bilingue, des feuilles de travail et un projet livré par la poste. Un portail en ligne avec des vidéos pédagogiques et du matériel pédagogique à télécharger.

Consultez notre site web à www.lespuces.co.uk

Reprinted (version 2) March 2021 - First published by Les Puces Ltd in January 2018
ISBN 978-0-9954653-8-1   © January 2018 Les Puces Ltd
www.lespuces.co.uk
Original artwork © January 2018 Alain Blancbec and Les Puces Ltd

Egalement disponible chez Les Puces

Consultez notre boutique en ligne sur www.lespuces.co.uk

  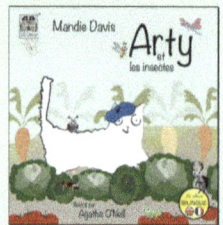 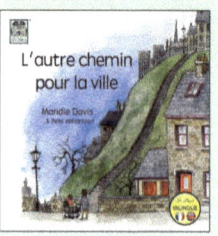 

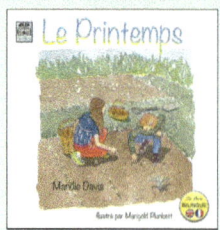    

 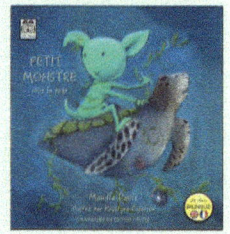   

Le Corbeau Taquin vit dans le plus grand pin de la forêt verte. Aujourd'hui, le soleil brille et le ciel est bleu. Il fait beau. Le Corbeau Taquin aime les jours comme celui-ci. C'est le jour idéal pour être sage.

Normalement, le Corbeau Taquin aime voler autour de la plage et semer la pagaille, mais aujourd'hui il essaie d'être sage !

Il vole vers la mer. La mer est bleue et profonde, et le ciel est bleu et infini. Le Corbeau Taquin rêvasse et maintenant il a volé trop loin. Il est fatigué. Ah ! L'endroit idéal. « Je vais juste me reposer ici un moment » pense-t-il.

Oh non ! Que se passe-t-il ? !
Soudainement, le Corbeau Taquin
va très vite. Il fait du ski nautique !
Il s'accroche fermement jusqu'à ce
qu'il soit près de la plage...

... puis il s'envole incontrôlable.
Il tourne, tourne et atterrit...

... dans une glace ! Oups ! Pardon !
Le Corbeau Taquin ne peut-il jamais être sage ? !

Normalement, le Corbeau Taquin aime voler autour de la campagne et semer la pagaille, mais aujourd'hui il essaie d'être sage !

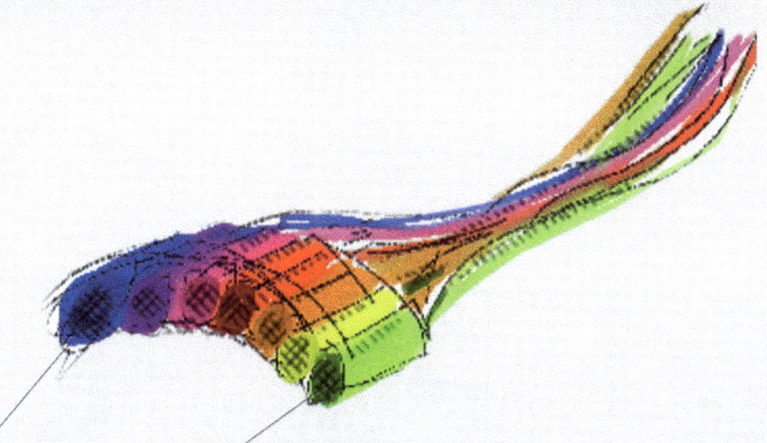

Aujourd'hui il y a du vent. Les arbres ondulent et les feuilles volent autour. Les nuages courent dans le ciel. Le Corbeau Taquin décide de faire la course avec eux. Il vole de plus en plus vite jusqu'à...

Oh non ! Il est emmêlé à un cerf-volant ! Il tourne, tourne, vers le bas et atterrit dans une meule de foin. Heureusement le Corbeau Taquin n'a rien mais le cerf-volant est cassé. Le Corbeau Taquin ne peut-il jamais être sage ? !

Normalement, le Corbeau Taquin aime voler autour de la ville et semer la pagaille, mais aujourd'hui il essaie d'être sage ! C'est un temps orageux, avec du tonnerre et de la foudre. Il pleut mais ça ne dérange pas le Corbeau Taquin. Il aime la pluie. Il aime bien voir tous les parapluies aux couleurs vives.

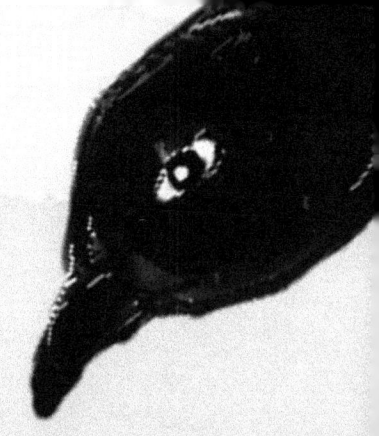

Il voit un beau parapluie rouge posé à côté d'un banc public. « Parfait ! » pense-t-il alors qu'il vole vers le sol pour l'examiner.

Oh non ! Au même temps qu'un éclair, le parapluie se referme sur le Corbeau Taquin. Il se débat mais réussit à s'échapper même s'il est trempé et que les parapluies le rendent nerveux maintenant !

En retournant chez lui dans le plus grand pin de la forêt verte, l'air devient plus froid et le Corbeau Taquin se rend compte qu'il neige. Il fait froid. Il regarde en bas et voit le merveilleux bonhomme de neige que des enfants ont fait dans un champ. À la dernière minute, le Corbeau Taquin se décide à regarder de plus près, mais il tourne trop tard ! Il vole comme une flèche directement vers le bonhomme de neige...

Crash ! Il atterrit juste dedans !
Pauvre Corbeau Taquin ! Il devra
attendre que la neige fonde avant de
pouvoir s'échapper.

Après toutes ses aventures le Corbeau Taquin veut revenir à son nid dans la forêt verte. La neige et la pluie se sont arrêtées et le soleil essaie de percer à nouveau. Il y a un bel arc-en-ciel haut dans le ciel alors qu'il arrive enfin à la maison. Il s'installe pour se reposer. Il a eu une journée pleine d'aventures.

Le lendemain matin le Corbeau Taquin se réveille pour trouver la forêt recouverte de brouillard. Aujourd'hui ce n'est pas un bon jour pour voler dans les environs ou pour avoir plus d'aventures. Le Corbeau Taquin se décide à rester dans son nid. Est-ce que tu penses qu'il peut être sage aujourd'hui ?

The weather - La météo

l'arc-en-ciel (m)
the rainbow

sage
good/well behaved

Il fait beau
It's sunny

l'orage (m)
the storm

le tonnerre
the thunder

taquin
cheeky

C'est orageaux
It's stormy

l'éclair (m)
the lightning

le parapluie
the umbrella

Il pleut
It's raining

le brouillard
the fog

The next morning the Cheeky Crow wakes to find the forest covered in fog. Today is not a good day for flying around or for having more adventures. The Cheeky Crow decides to stay in his nest. Do you think he can be good today?

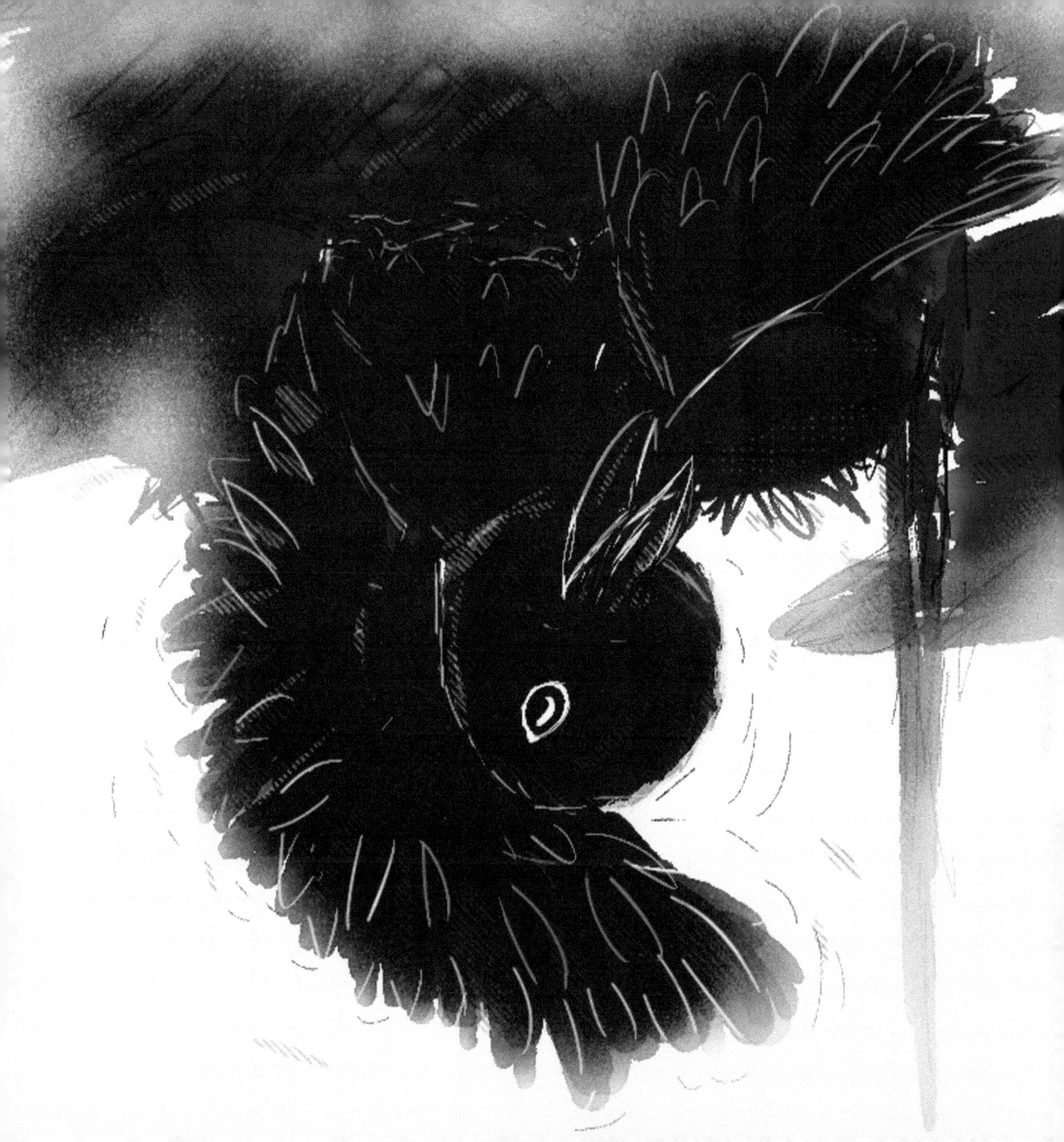

After all his adventures the Cheeky Crow wants to get back to his nest in the green forest. The snow and rain have stopped and the sun is trying to come out again. There is a beautiful rainbow high in the sky as he finally arrives home. He settles down to rest. He has had a day full of adventures.

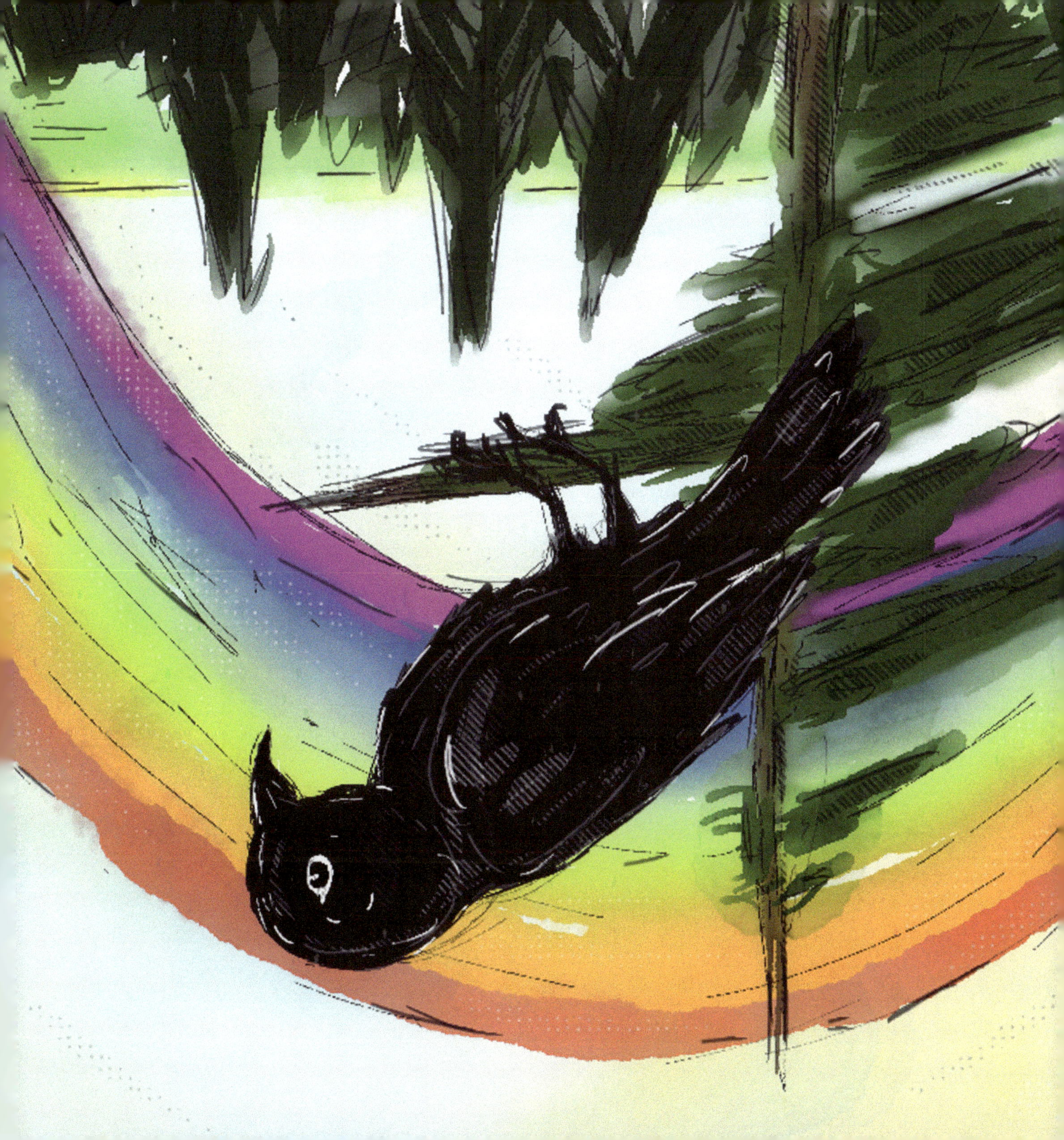

Crash! He lands right in it! Poor Cheeky Crow! He will have to wait for the snow to melt before he can escape.

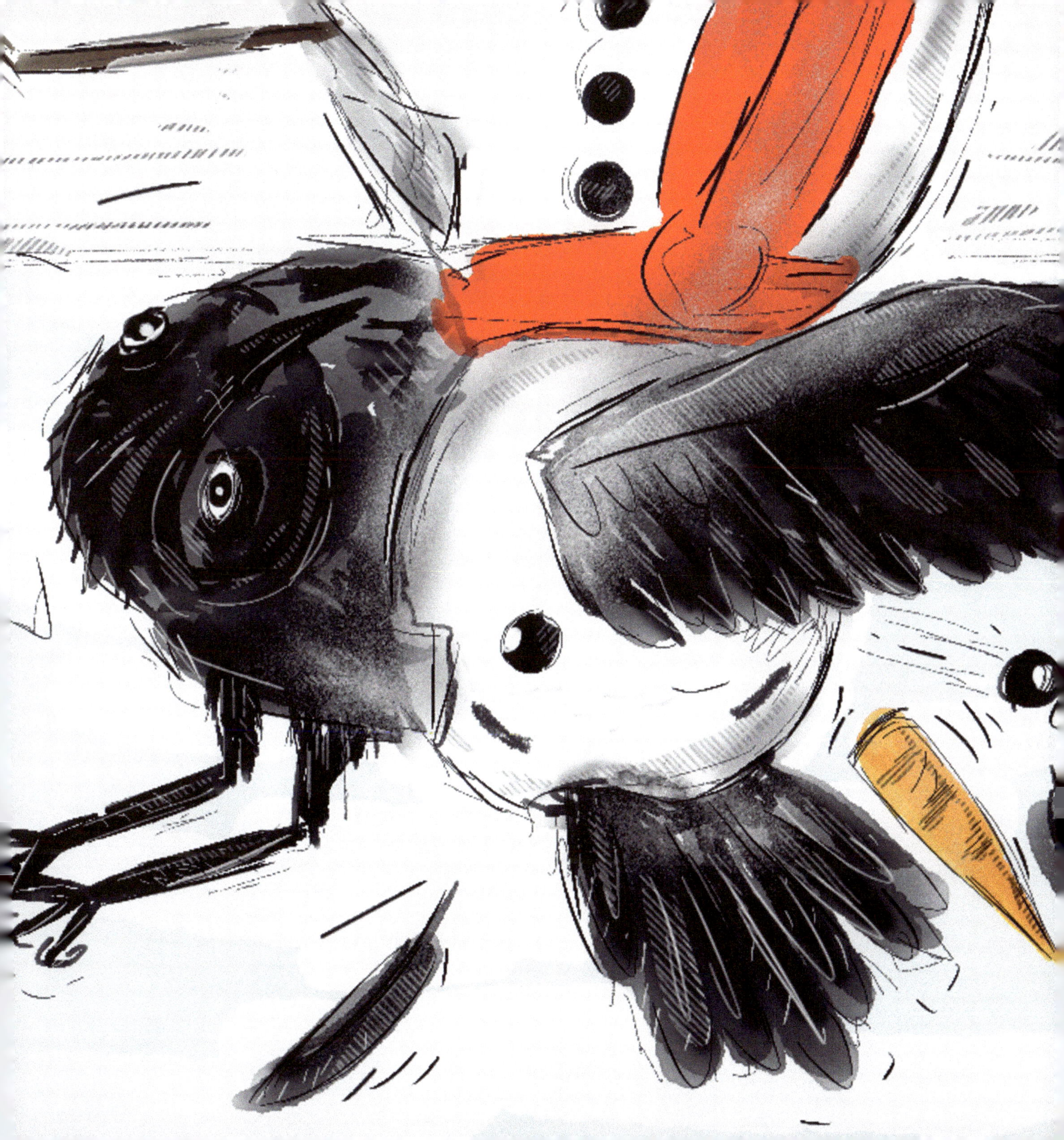

Flying back home to the tallest pine in the green forest, the air becomes colder and the Cheeky Crow realises it's snowing. It is cold. He looks down and sees a wonderful snowman that some children have made in a field. At the last minute, the Cheeky Crow decides to have a closer look, but he turns too late! He flies like an arrow straight for the snowman...

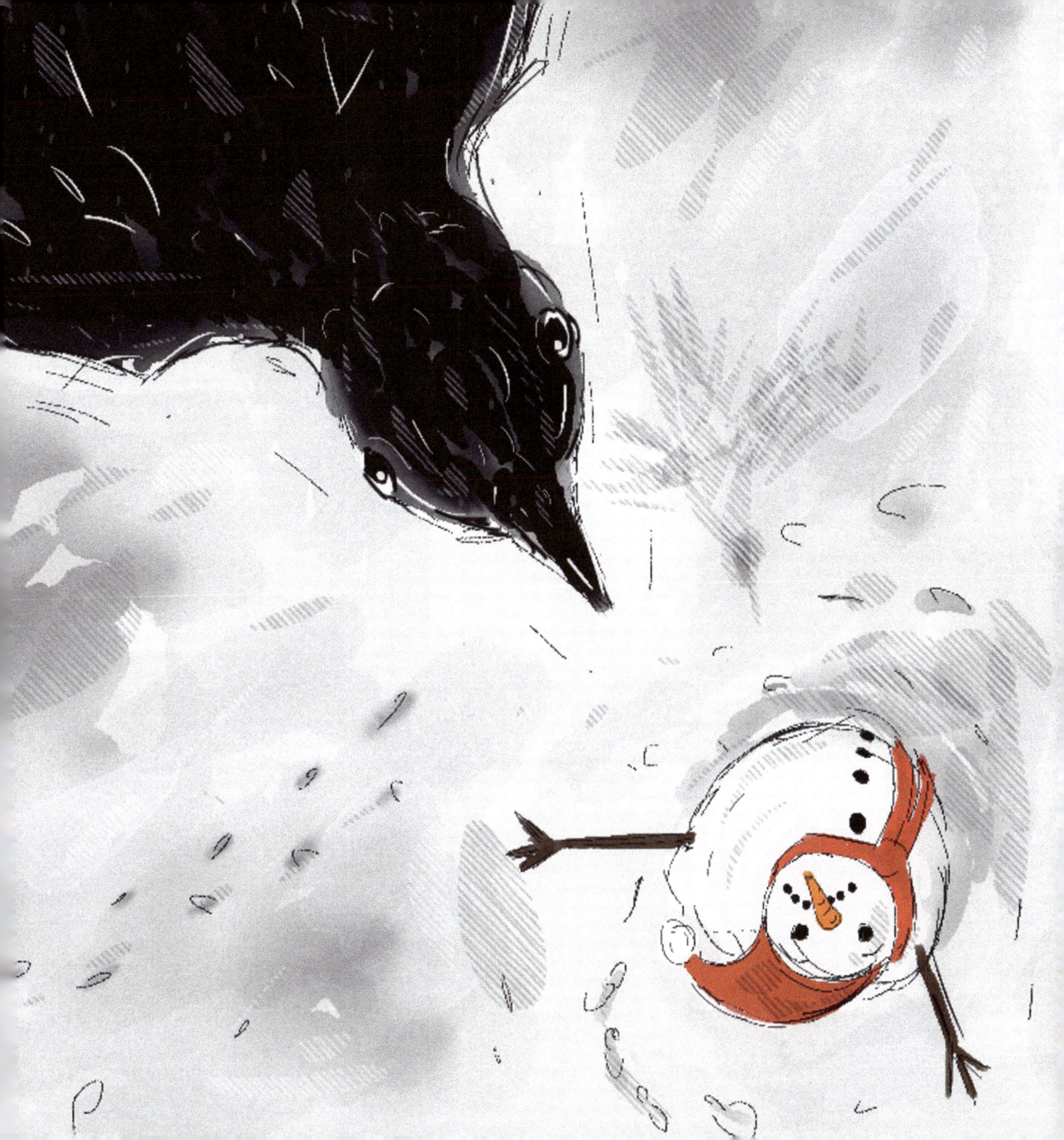

Oh no! At the same time as a flash of lightning, the umbrella snaps shut around the Cheeky Crow. He struggles but manages to escape, although he is soaking wet and a little nervous of umbrellas now!

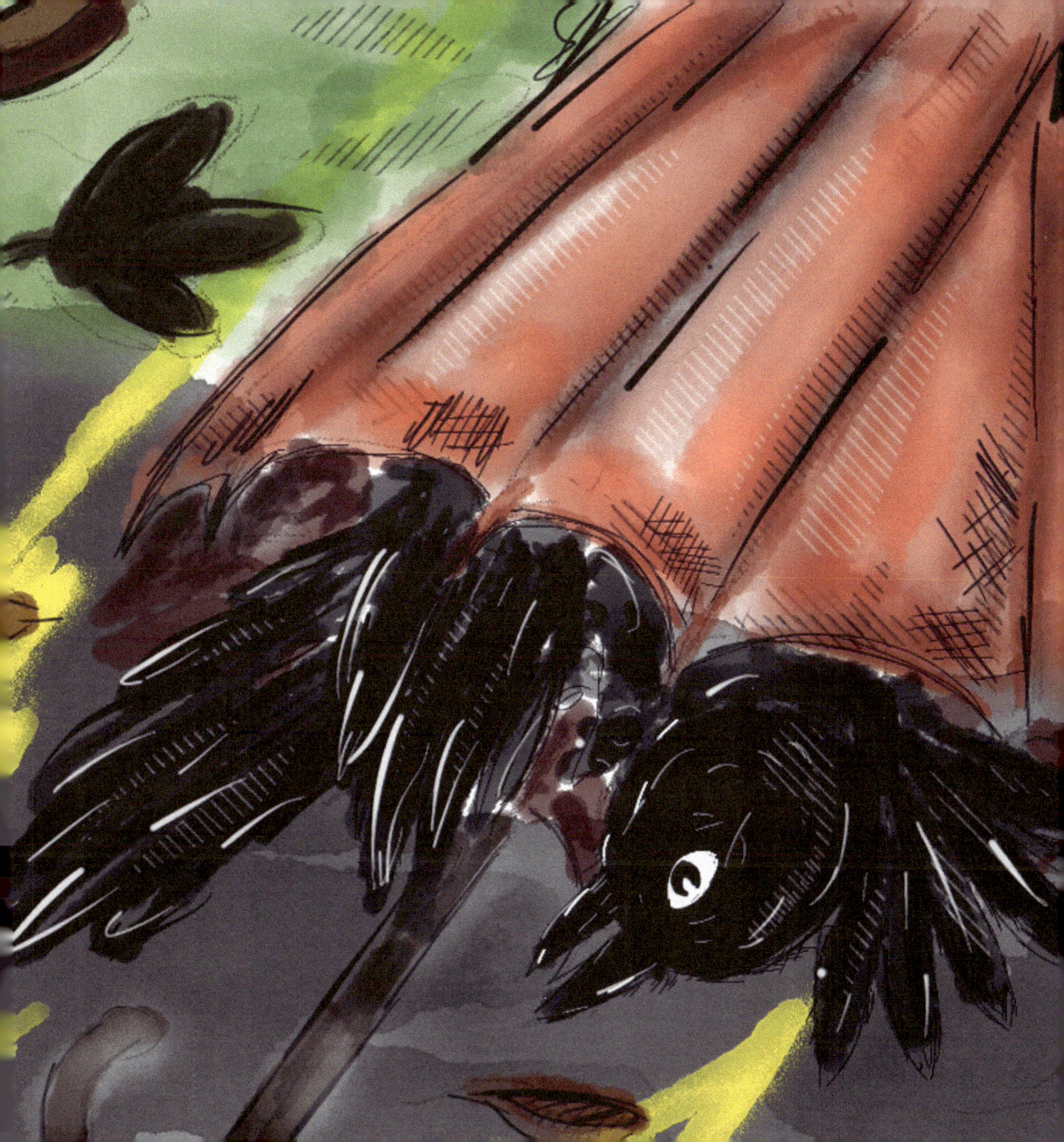

He sees a beautiful red umbrella lying next to a park bench. "Perfect!" he thinks as he flies down to investigate.

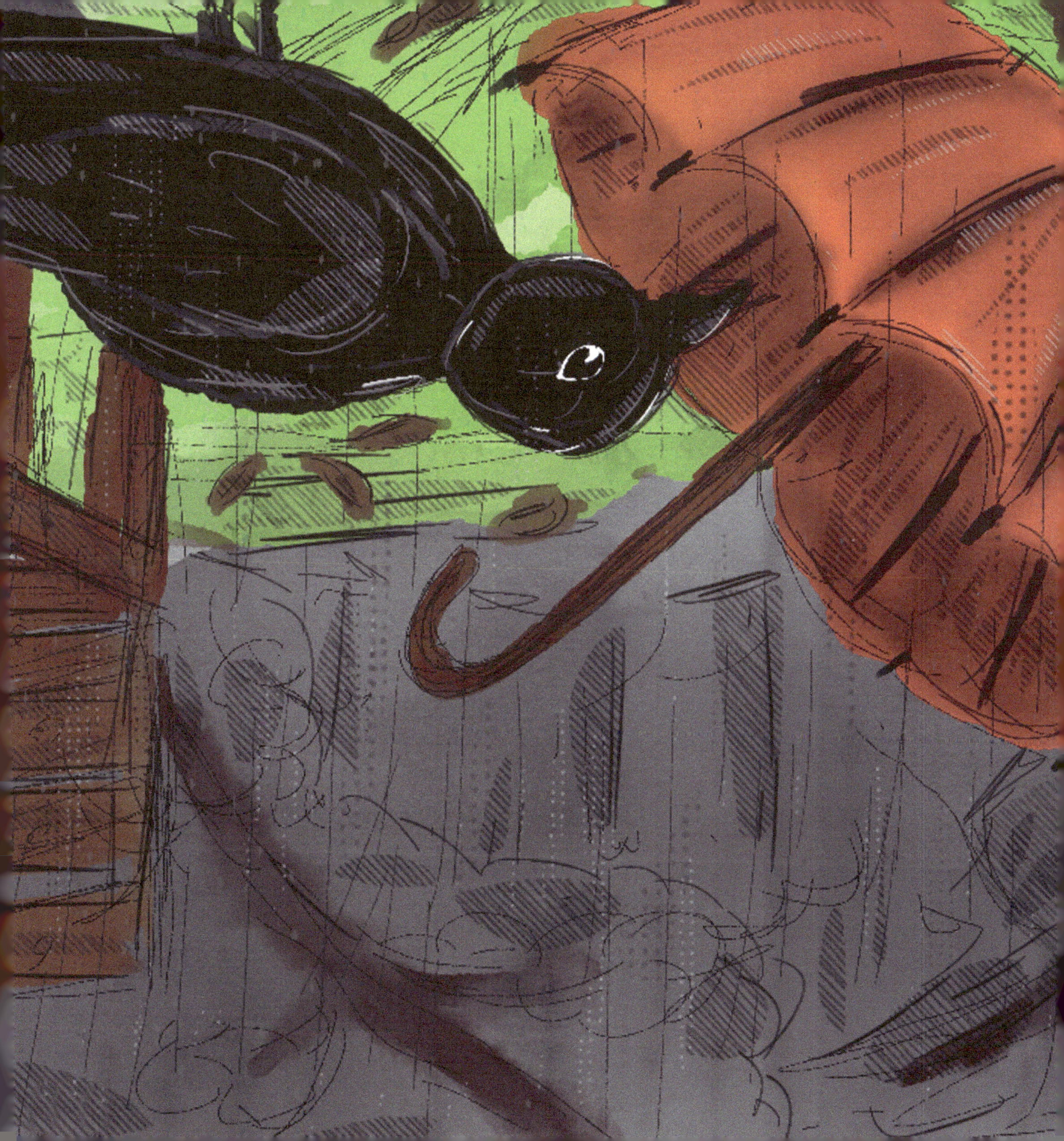

Normally the Cheeky Crow loves flying round the town and making a mess, but today he is trying to be good! It's a stormy day, with thunder and lightning. It's raining but the Cheeky Crow doesn't mind. He loves the rain. He likes to see all the brightly coloured umbrellas.

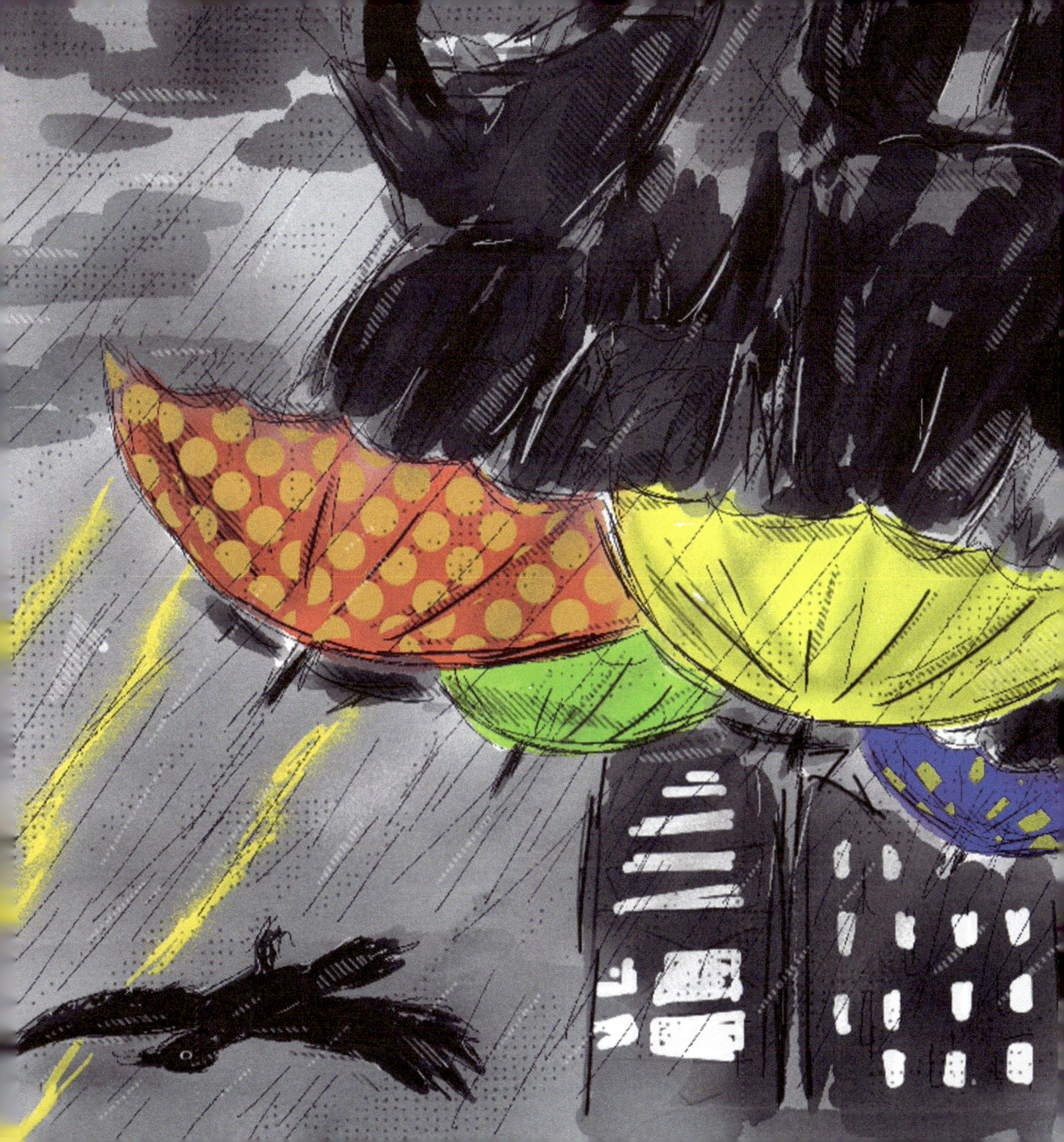

Oh no! He's tangled in a kite! Round and round, down and down, he spins and lands in a haystack. Luckily the Cheeky Crow is safe but the kite is broken. Can the Cheeky Crow ever be good?!

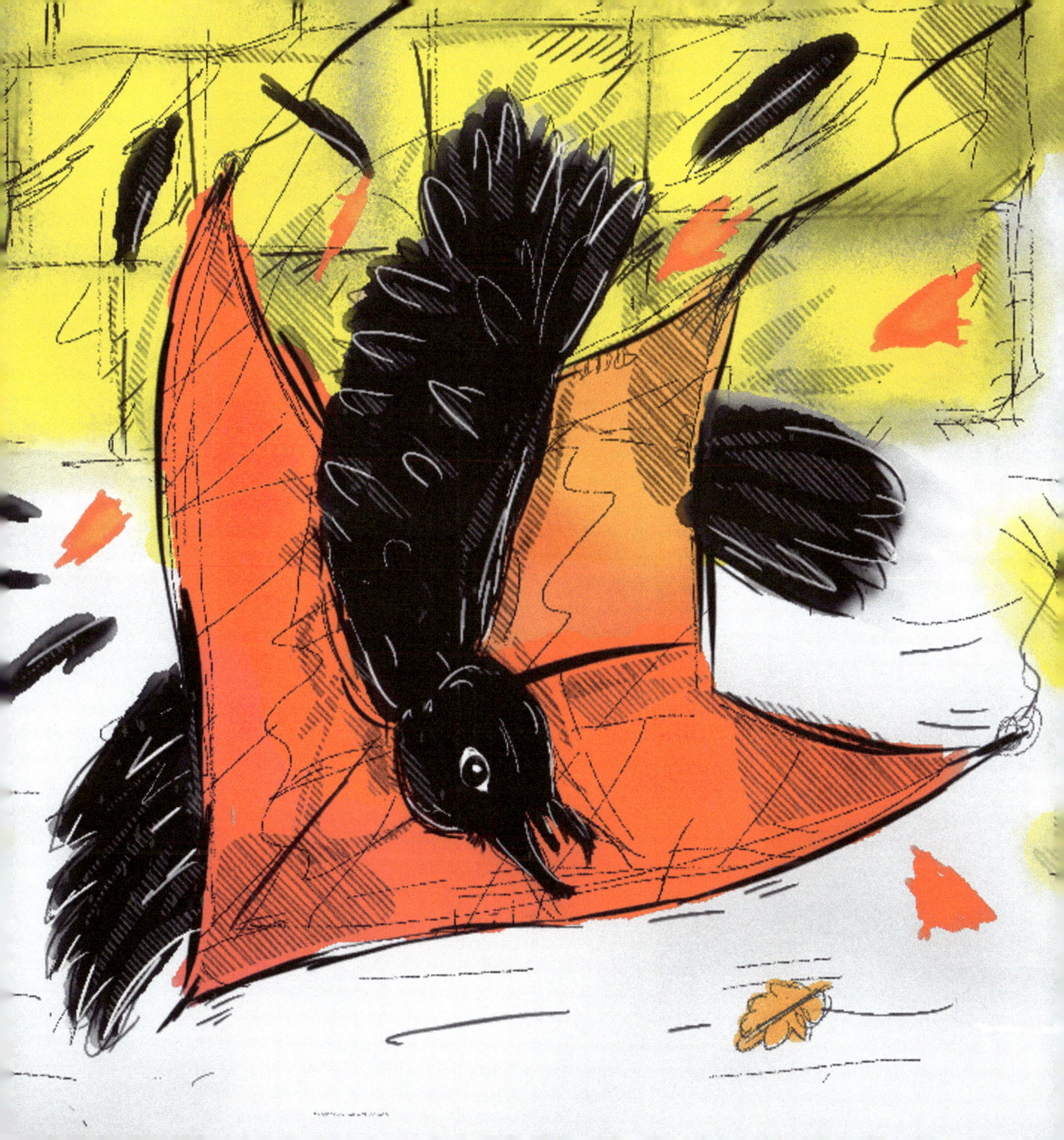

Today is a windy day. The trees are waving and leaves are flying around. The clouds are racing across the sky. The Cheeky Crow decides to race with them. He flies faster and faster until...

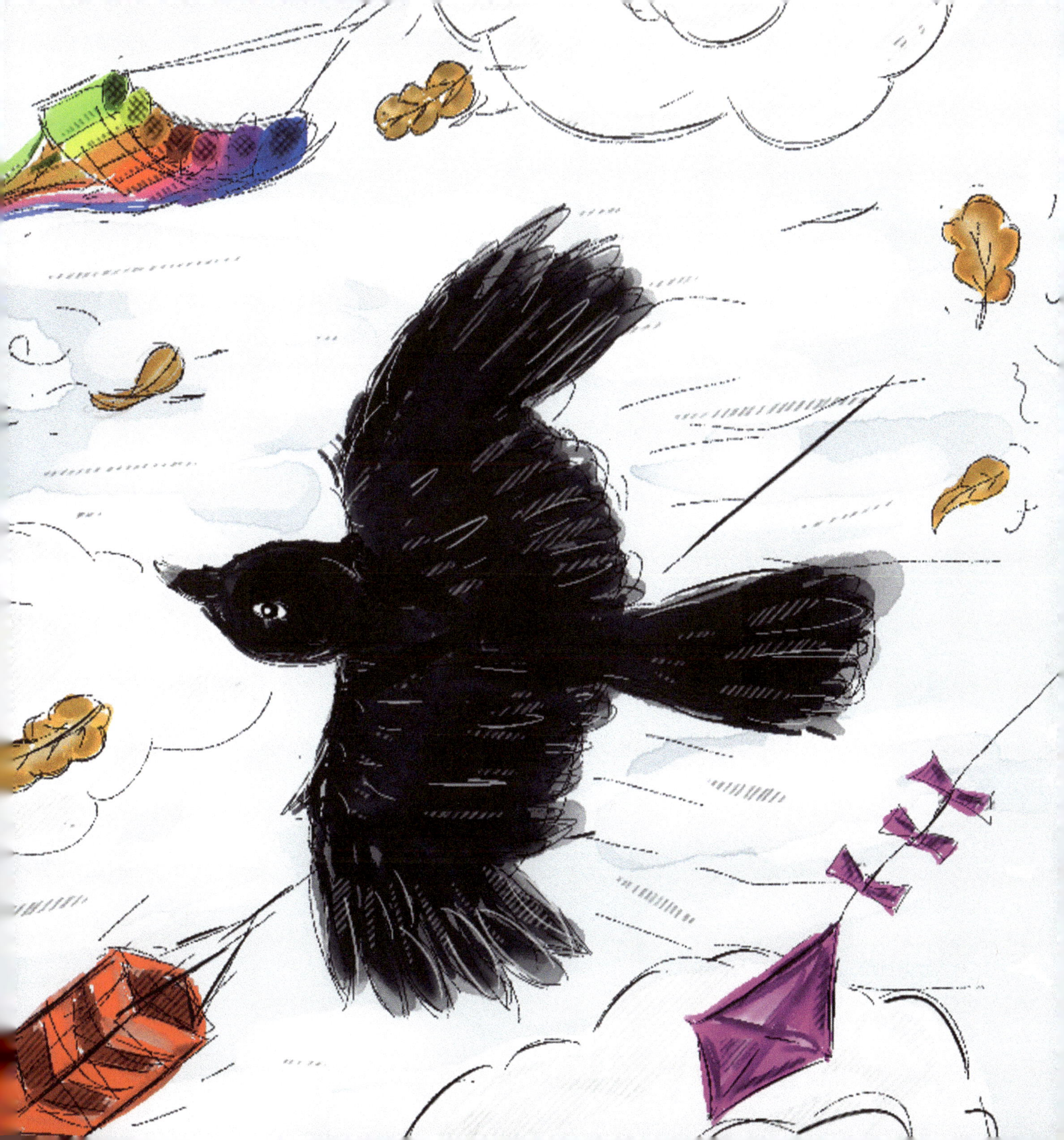

Normally the Cheeky Crow loves flying round the countryside and making a mess, but today he is trying to be good!

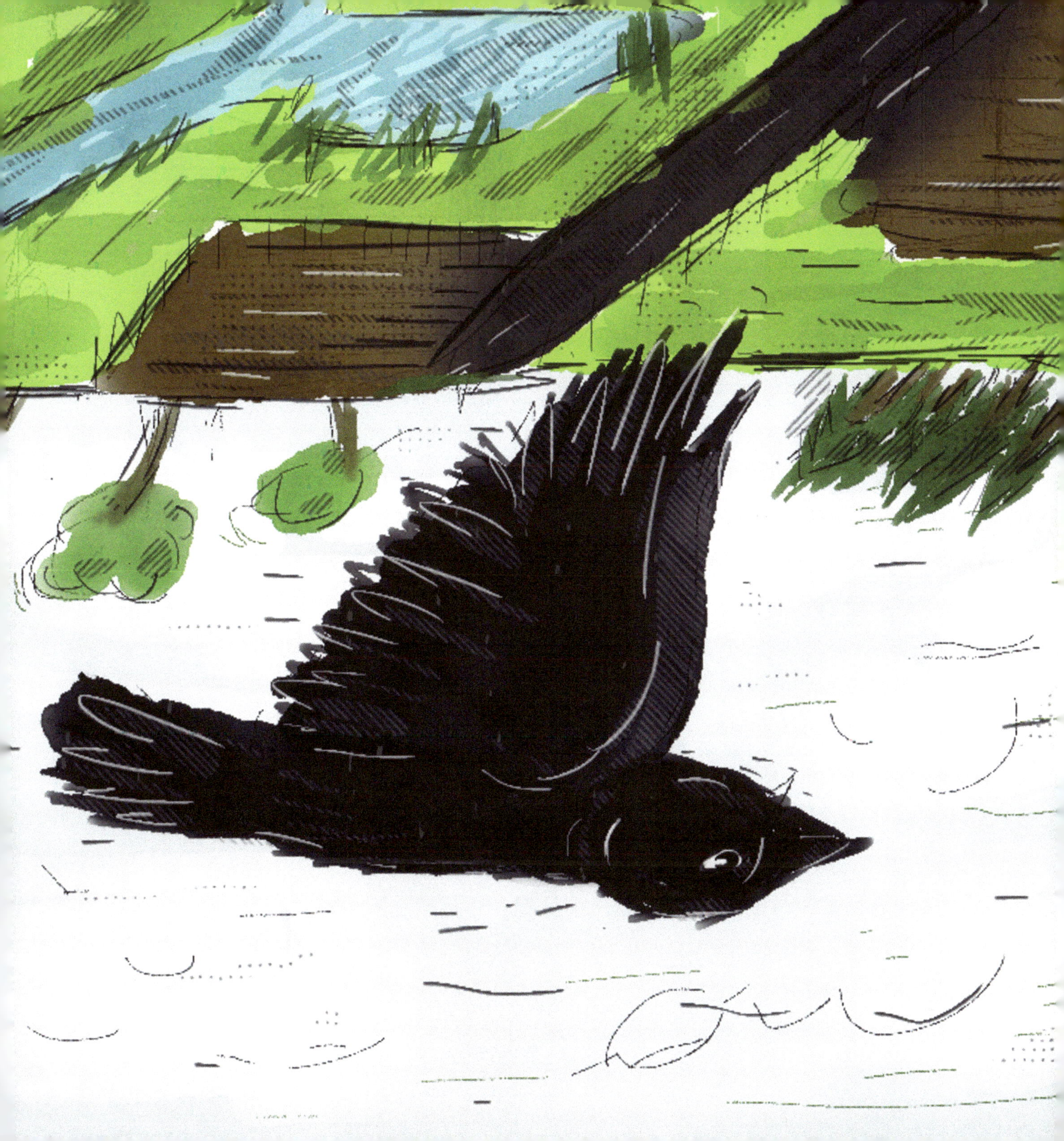

… in an ice cream! Oops! Sorry!

Can the Cheeky Crow ever be good?!

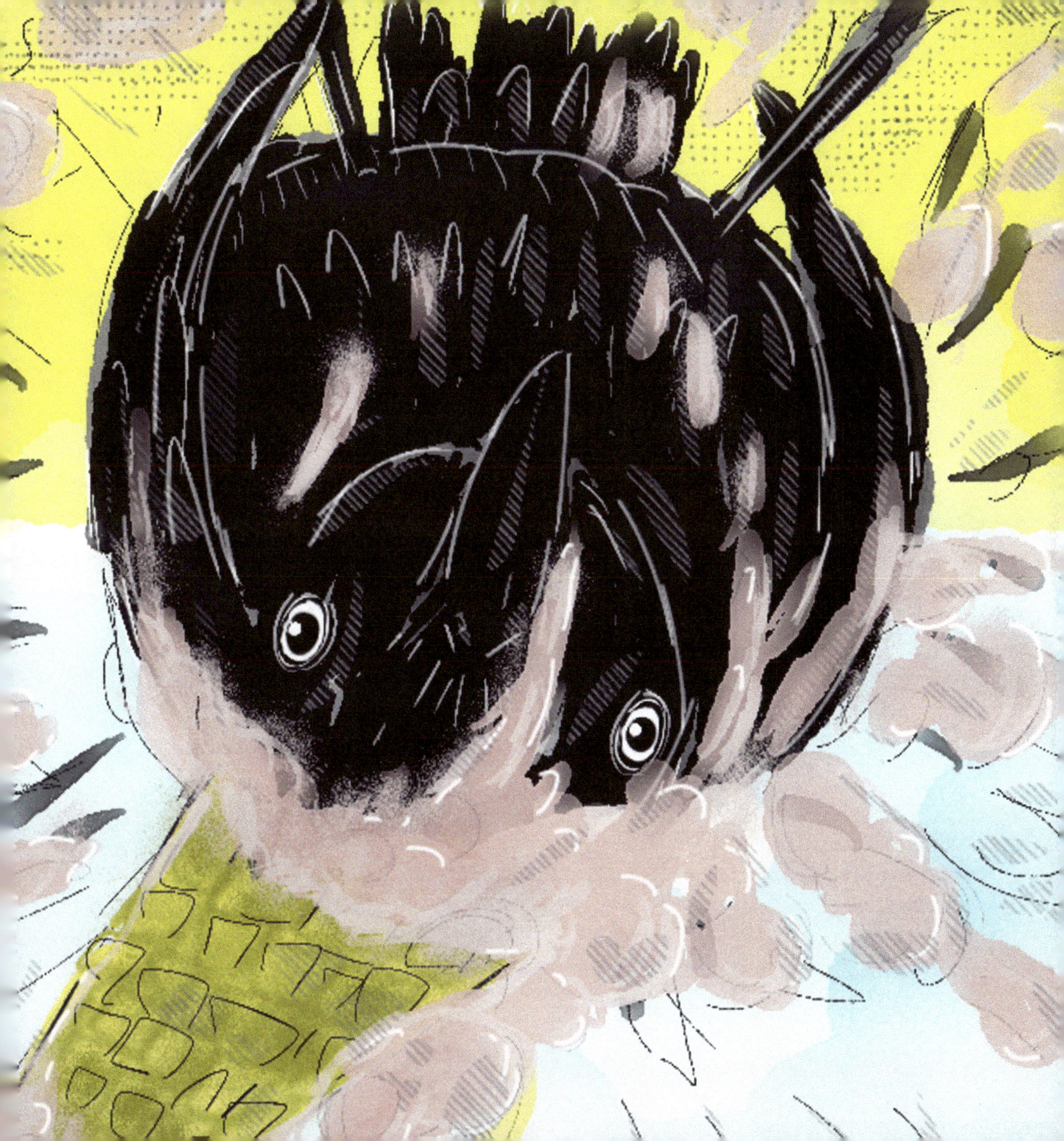

...then he flies off out of control.
Round and round he spins and lands...

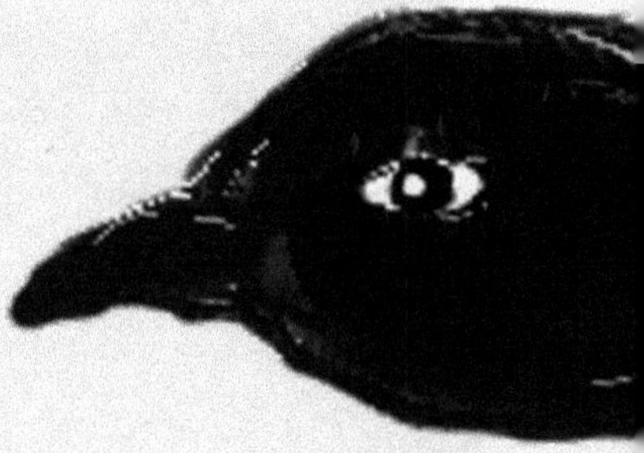

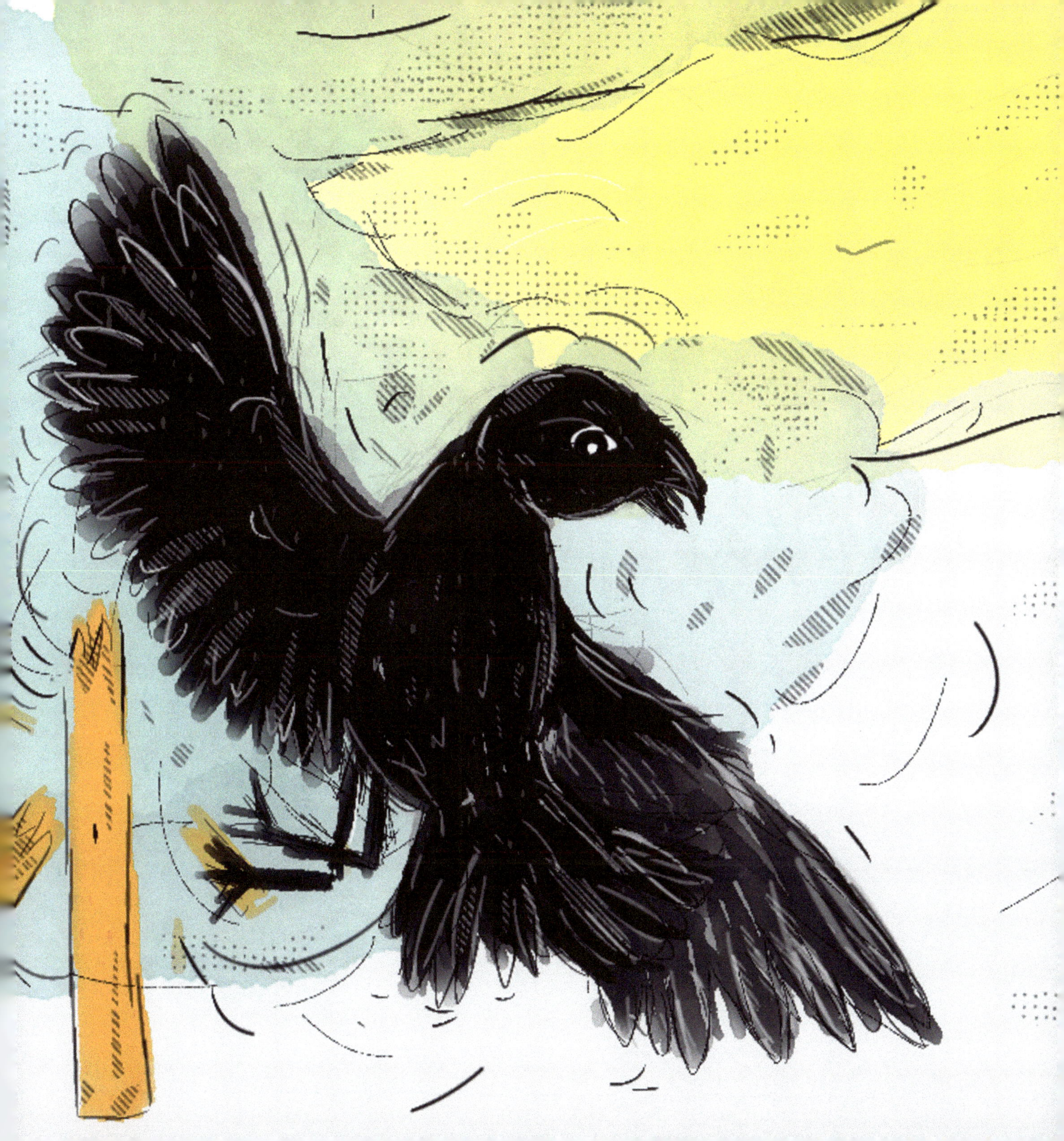

Oh no! What's happening?!
Suddenly the Cheeky Crow is
moving very fast. He is water
skiing! He holds on tight until
he is near the beach...

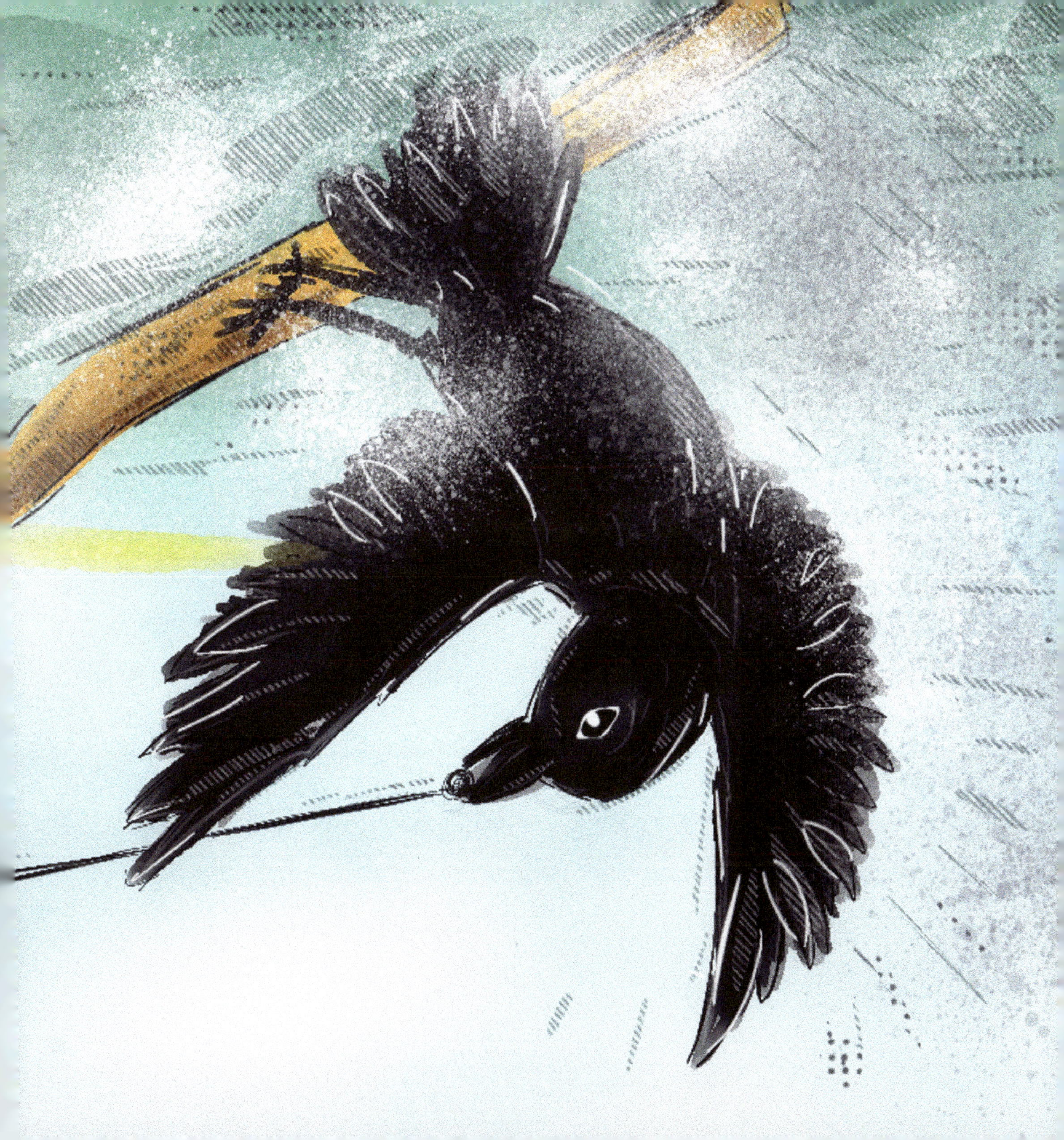

He flies out to sea. The sea is blue and deep, and the sky is blue and endless. The Cheeky Crow is daydreaming and now he's flown too far. He is tired. Ah! The perfect spot. "I'll just rest here for a moment," he thinks.

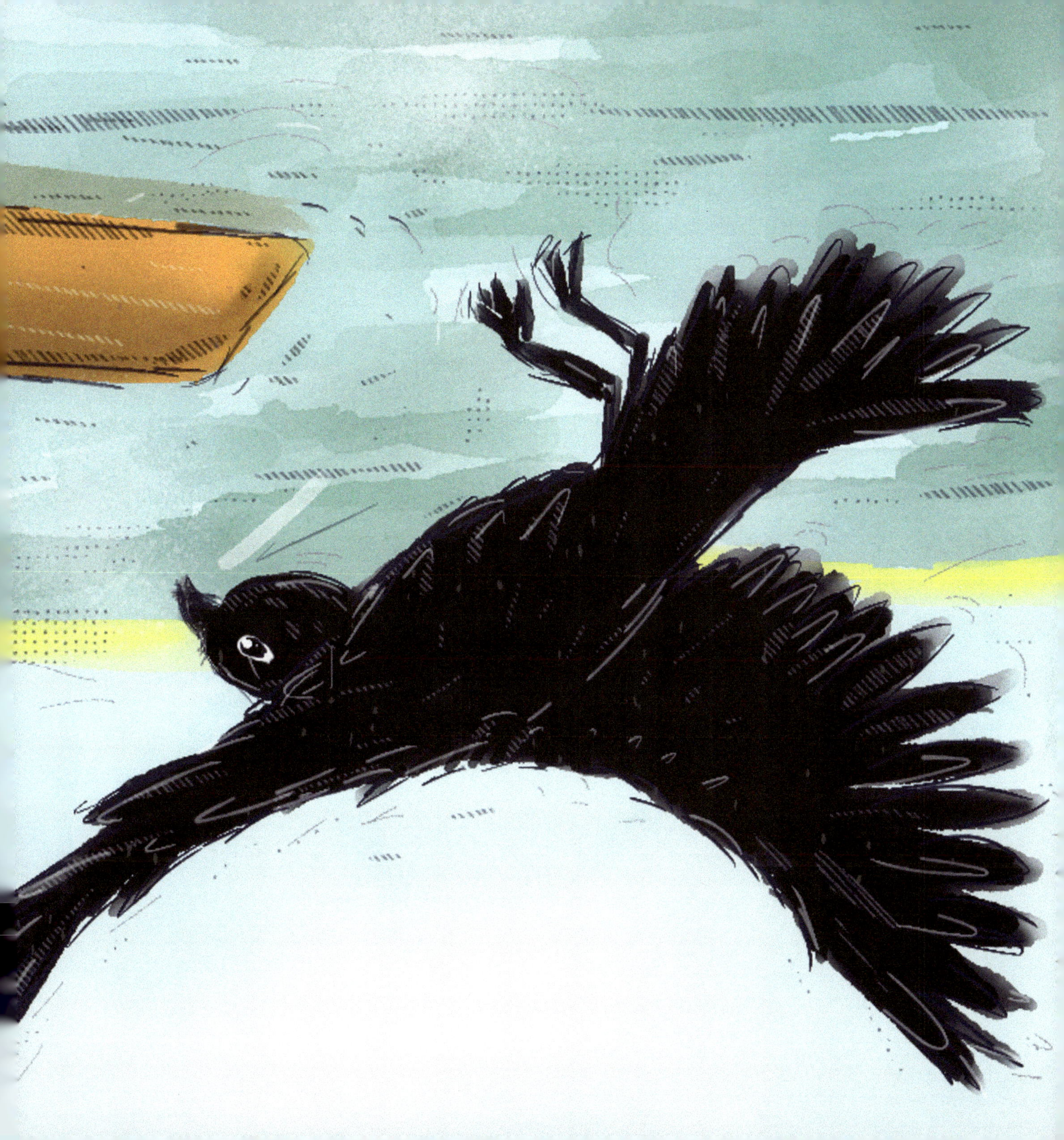

Normally the Cheeky Crow loves flying around the beach and making a mess, but today he is trying to be good!

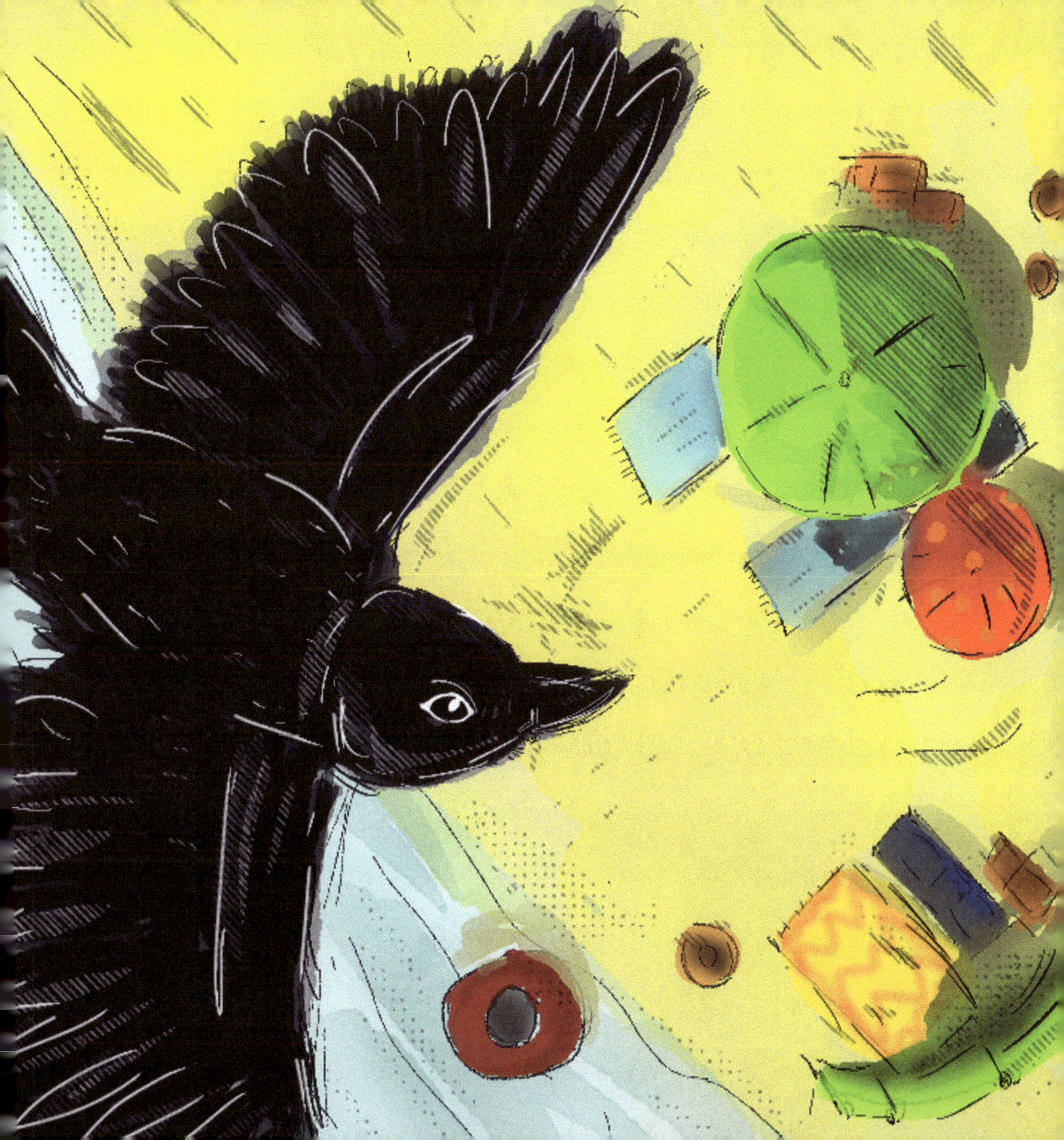

The Cheeky Crow lives in the tallest pine in the green forest. Today the sun is shining and the sky is blue. The weather is nice. The Cheeky Crow loves days like this. It's the perfect day to be good.

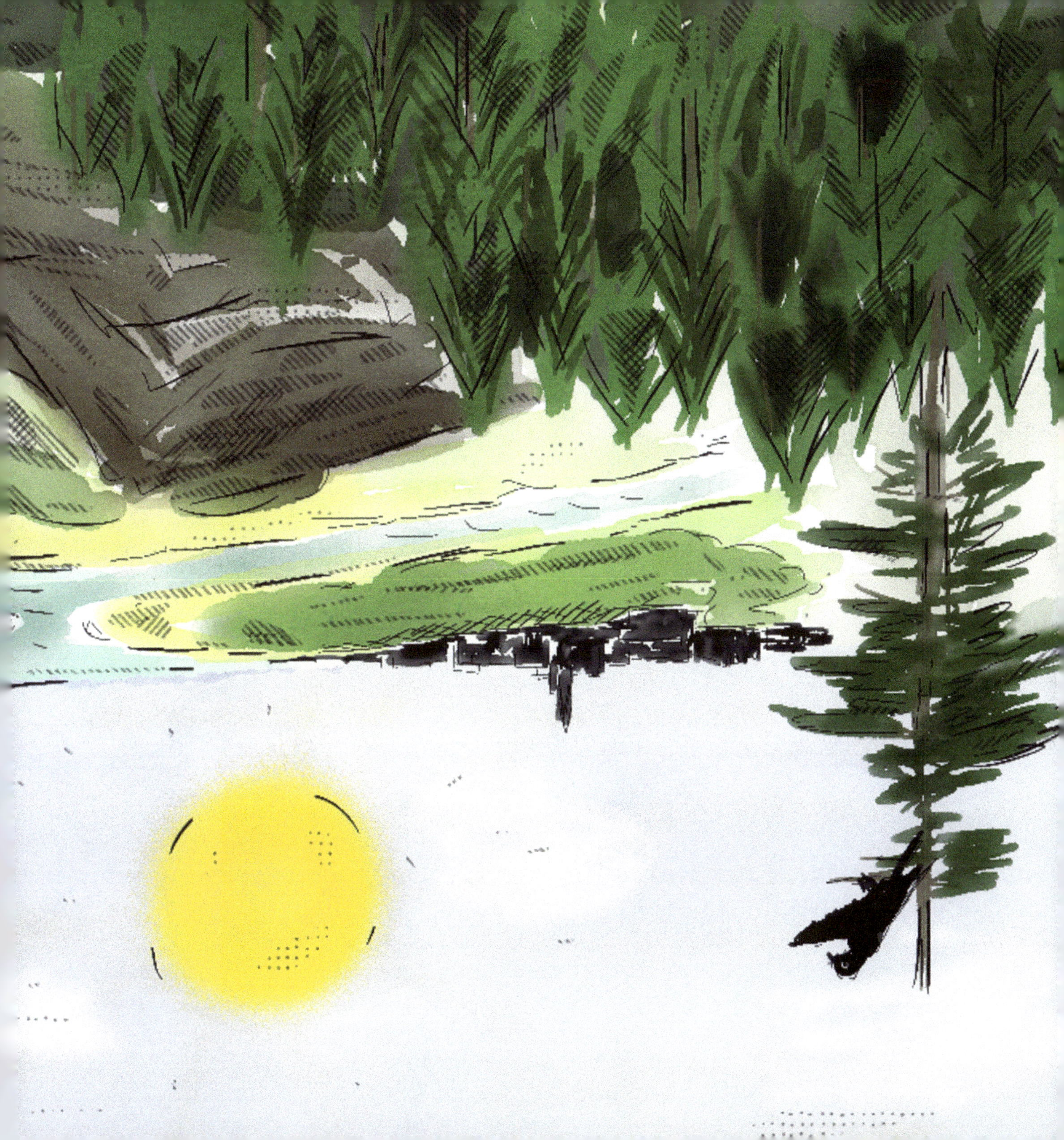

The Cheeky Crow
tries to be good!

Mandie Davis
&
Alain Blanbec

Also available from Les Puces

Visit the shop on our website at www.lespuces.co.uk

Les Puces - French for Kids

Download this story
in French and in English!

Get a Hybrid pack
in the post and online!

A bilingual book, project, worksheets and progress card delivered by post, supported by online access to teaching videos. Listen to the story, sing the song complete the project and download additional material.

or

Visit our website at www.lespuces.co.uk

Reprinted (version 2) March 2021 - First published by Les Puces Ltd in January 2018
ISBN 978-0-9954653-8-1   © January 2018 Les Puces Ltd
www.lespuces.co.uk
Original artwork © January 2018 Alain Blancbec and Les Puces Ltd

Lightning Source UK Ltd.
Milton Keynes UK
UKHW050841280321
381083UK00004B/16